BEI GRIN MACHT SICH IHR WISSEN BEZAHLT

AF151769

- Wir veröffentlichen Ihre Hausarbeit,
  Bachelor- und Masterarbeit

- Ihr eigenes eBook und Buch -
  weltweit in allen wichtigen Shops

- Verdienen Sie an jedem Verkauf

Jetzt bei www.GRIN.com hochladen und kostenlos publizieren

GRIN

Bibliografische Information der Deutschen Nationalbibliothek:

Die Deutsche Bibliothek verzeichnet diese Publikation in der Deutschen National-
bibliografie; detaillierte bibliografische Daten sind im Internet über http://dnb.d-
nb.de/ abrufbar.

Impressum:

Copyright © 2013 GRIN Verlag, Open Publishing GmbH
Druck und Bindung: Books on Demand GmbH, Norderstedt Germany
ISBN: 9783656386971

Dieses Buch bei GRIN:

http://www.grin.com/de/e-book/209813/legalisierung-von-cannabis-ist-die-legalisie-
rung-von-cannabis-ein-irrweg

Florian Selchow

Legalisierung von Cannabis. Ist die Legalisierung von Cannabis ein Irrweg?

GRIN Verlag

GRIN - Your knowledge has value

1 Einleitung

1.1 Zielsetzung

In der folgenden Arbeit wird das Thema „Legalisierung von Cannabis" in all seinen Facetten betrachtet, indem pro und contra gegenübergestellt werden. Die Legalisierung von Drogen, insbesondere von Cannabis, ist in Deutschland ein Thema, dass nicht sehr intensiv betrachtet wird. So wird auch viel zu selten aufgezeigt, welche Wirkungen und Folgen der Konsum bestimmter Drogen haben kann. Cannabis ist eine Droge, die als erstes in Betracht kommt, um sie für den freien Konsum zuzulassen.

1.2 Vorgehensweise

Zu Beginn erfolgt eine Einführung in die zu behandelnde Materie. Neben aktuellen Bezügen und Empfehlungen sollen Behauptungen aufgestellt werden sowie Forderungen aufgestellt werden. Das zweite Kapitel beschäftigt sich mit einer kurzen, aber möglichst genauen Definition von Cannabis, die dem Verständnis der Arbeit dienen soll. Die Erörterung der aufgestellten Thesen aus der Einleitung sowie die Hauptthese, dass Cannabis für den freien Konsum zugänglich gemacht werden soll, erfolgt im dritten Kapitel, indem Contra- und Pro-Standpunkte einer Legalisierung gegenübergestellt werden. Eine Bewertung der Legalisierungsproblematik sowie ein abschließendes Fazit sollen im Schlussteil unter Berücksichtigung der Argumentation erfolgen.

1.3 Einführung

Cannabis hat sich längst in den Mittelpunkt unserer Gesellschaft gedrängt. „Der Joint nach Feierabend ersetzt für viele Menschen das Bier in der Kneipe."[1] Cannabis ist die illegale Droge, die sowohl in Deutschland als auch in europäischen Ländern am Häufigsten konsumiert wird. Aktuellen Studien zufolge haben 32 Prozent aller 15 bis 34jährigen bereits Erfahrung mit Cannabis gemacht, die 12-Monats-Prävalenz liegt sogar bei 12,1 Prozent. Dies entspricht einer absoluten Zahl von 12,1 Millionen Personen. Bemerkenswert ist, dass sich in Deutschland die Lebenszeitprävalenz des Cannabiskonsums unter Schülern im Vergleich zum Jahr 2002 halbiert hat und im Jahr 2010 relativ geringe elf Prozent beträgt.[2]

Im Vergleich zum sinnvollen Nutzen des Rohstoffes Cannabis, zum Beispiel in der Medizin als Arzneimittel zur Behandlung von HIV-infizierten Menschen, hat sich der Ruf von Cannabis seit dem vergangenen Jahrhundert drastisch verändert.[3] Heute greifen immer mehr Jugendliche zum „Joint".[4] Als vermeintlich weiche Droge hat Cannabis den

---

[1] Nickels (2003), S.87.
[2] vgl. Europäische Beobachtungsstelle für Drogen und Drogensucht (2011), S.52.
[3] vgl. Berr/ Krause/ Sachs (2007), S.115.
[4] Tabakzigarette mit Marihuana oder Haschisch (Cannabis).

1

Ruf, ungefährlich zu sein und wird analog zum Alkoholkonsum als Genussmittel betrachtet.[5] Die Gründe für den Konsum liegen häufig in den attraktiven und berauschenden Wirkungen von Tetrahydrocannabinol (THC), das den größten Teil an Wirkungsstoffen in der Hanfpflanze, also Cannabis, ausmacht. Problematisch ist, dass sich viele Verbraucher den Folgen und Risiken eines langfristigen Konsums gar nicht bewusst sind.[6] Daher ist es notwendig, die Auswirkungen des Cannabiskonsums detailliert zu untersuchen, um ein abschließendes Urteil über die Substanz zu fällen.

Die Legalisierungsaufforderung beinhaltet häufig das Statement der Ungleichbehandlung von der illegalen Droge Cannabis zu den vermeintlichen Genussmitteln Nikotin und Alkohol.[7] Daher muss die Frage behandelt werden, ob Cannabis mit Alkohol und Nikotin auf die gleiche Stufe gestellt und die Freigabe zum legalen Konsum erteilt werden soll.

Des Weiteren beschäftigt sich die Politik regelmäßig mit dem Thema der Legalisierung von Cannabis. Daher darf der aktuelle politische Bezug, im Wesentlichen die Standpunkte der einzelnen Parteien, bei der Legalisierungsfrage nicht fehlen. Ferner sind die wirtschaftlichen und rechtlichen Auswirkungen einer Legalisierung zu analysieren.

Weiterhin sollte man sich die Frage stellen, wie die freie Verfügbarkeit von Cannabis in den Niederlanden einzustufen ist? Man muss betrachten, ob der legale Konsum weiterhin zum Drogenmissbrauch führt oder eine vorbildliche Regulierung und Aufklärung vorhanden ist. Das niederländische System soll für die Legalisierung als Vorbild in der illegalen Drogenproblematik dienen. Oft hört man das Argument, dass Cannabis eine Einstiegsdroge sei. Was steckt aber wirklich dahinter?

Aufgrund der eben dargestellten Schwerpunkte ist es wichtig, sich im 21. Jahrhundert intensiv mit den Gefahren und Potentialen der Droge Cannabis auseinanderzusetzen.

2 Begriffserklärung Cannabis

Die Pflanze Cannabis lediglich als Droge oder Genussmittel zu bewerten, ist gänzlich falsch. Einerseits ist Cannabis eine Nutzpflanze, dessen botanischer Name im Deutschen ‚Hanf‘ lautet.[8] Andererseits ist sie als illegale Droge bzw. als zu legalisierendes Genussmittel zu betrachten.

---

[5] vgl. Täschner (2001), S.13 sowie Hurrelmann (2000), S.38.
[6] vgl. Stoppard (2000), S.47.
[7] vgl. Täschner (2005), S.304.
[8] vgl. Hurrelmann (1997), S.182.

In der Regel werden die Cannabiswirkstoffe durch Inhalieren des Rauches in den Körper transportiert. Zusätzlich ist es möglich, einen Cannabisrausch über den oralen Weg zu erfahren, indem man Cannabis einem Gebäck oder dem Tee beimischt.[9]

Durch zwei unterschiedliche Verfahren, lassen sich verschiedene Drogen gewinnen. Zum einen kann man die Hanfblüten, die aus den zwei bis fünf Meter hohen Hanfgewächsen gewonnen werden, trocknen.[10] Das daraus gewonnen Kraut trägt den Namen „Marihuana", sofern die oberen Blätter und Stängel verwendet worden sind. Zum anderen sind die Blätter der weiblichen Hanfpflanze mit feinen Drüsen, die ein harziges Sekret abscheiden, bestückt. Durch die Absonderung des Konzentrats lässt sich sogenanntes Haschisch gewinnen. Weil die psychotropen Wirkungen vom Wirkstoff THC abhängen, wird die Stärke des Rausches in erster Linie durch das THC-Gehalt beeinflusst. Die Konzentration von Haschisch liegt Studien zufolge normalerweise im Intervall „von 7 bis zu 14 %"[11]. Bei Marihuana variiert der Anteil stärker und liegt im Bereich zwischen zwei und 20 Prozent.[12]

In der Drogenszene sind folgende Ausdrücke für Cannabis gängig: Für Marihuana wird häufig der Ausdruck „Gras" verwendet. Als Synonyme für Haschisch sind „Dope" oder „Shit" möglich.[13]

Im Folgenden wird Cannabis primär als Substanz zum Herbeiführen des Rauschzustandes angesehen und anhand dessen bewertet. Alle anderen Einsatzmöglichkeiten von Cannabis werden nicht Bestandteil der Arbeit sein.

3 Erörterung

3.1 Eigene Meinung

Mein eigener Standpunkt fällt nicht ganz eindeutig aus. Auf der einen Seite kenne ich aus dem privaten Umfeld die Nebenwirkungen durch den Konsum von Cannabis. Mir ist aufgefallen, dass regelmäßig konsumierende Personen ein träges und apathisches Verhalten aufweisen und wenig Lust haben, am Alltag teilzunehmen sowie abwesend wirken. Zusätzlich denke ich, dass es zu beachten gilt, dass der Alkoholkonsum stärkere gesundheitliche Nebenwirkungen und Langzeitfolgen als der Cannabiskonsum hat. Komatrinken ist zum Trend der Jugend geworden und hat in mehreren Fällen schon zum Tod geführt. Bei der Betrachtung ist problematisch, dass Alkohol als Genussmittel allgemein anerkannt wird und dem Cannabiskonsum viele Vorurteile zu Grunde liegen.

---

[9] vgl. Hill (2012), S.15f.
[10] vgl. Täschner (2005), S.61.
[11] vgl. Sauer/Weilemann (2001), S.78.
[12] vgl. Hill (2012), S.15f.
[13] vgl. Schwind (2011), S.569.

Es wäre meinem Erachten nach positiv, wenn es eine einheitliche Regelung inklusive Aufklärungsprogramme gäben würde. Ein Joint in der Woche wäre nicht zu verurteilen, sondern mit dem Glas Wein am Abend zu vergleichen. Deshalb spreche ich mich für eine Legalisierung der Droge Cannabis aus. Vorausgesetzt wird in diesem Szenario ein regulierter und kontrollierter Markt. Zudem würde die Wirtschaft in Form von zusätzlichen Steuereinnahmen oder einer Entkriminalisierung entlastet werden, sodass man von einem frei gewerblichen Produkt profitiert und die staatliche Haushaltskasse aufbessert.

3.2 Contra-Standpunkt

Einiges spricht dagegen, dass Cannabis legalisiert werden soll.

3.2.1 Cannabis macht süchtig – Dauerkiffen und Abhängigkeit

Die Frage, was Sucht im engeren Sinne bedeutet, ist schwer zu beantworten. Grundsätzlich kann man sagen, dass drei wesentliche Merkmale die Abhängigkeit eines Rauschmittels kennzeichnen: Lindberg zufolge zählen „Vordringlichkeit der Drogenbeschaffung vor anderen Lebensaspekten"[14], „zwanghafter Gebrauch der Droge"[15] und die „Rückfallneigung"[16] zu den Charakteristiken von Sucht.

Zunächst kann man sagen, dass es unumstritten ist, dass Cannabismissbrauch abhängig machen kann. Genauer gesagt führt erst regelmäßiger und langfristiger Konsum von Haschisch und Marihuana bei einem Teil der Konsumenten zu psychischem Abhängigkeitspotenzial. Je intensiver der Konsum ausgeprägt ist, desto größer ist der Wunsch bzw. Drang, Cannabis zu konsumieren und desto geringer ist die Kontrolle des eigenen Konsumverhaltens.[17] Dadurch wird für den betroffenen Bedarfsträger die Beendigung oder die Einschränkung des eigenen Konsums zum kaum umsetzbaren Szenario.

Unterstützt wird das Argument der Suchtgefahr durch eine Annahme der deutschen Hauptstelle für Suchtfragen, die zu dem Schluss kam, dass zwischen vier und sieben Prozent aller Cannabiskonsumenten von dem Produkt psychisch stark abhängig sind. Genaue Angaben werden dadurch erschwert, dass Cannabisprodukte illegal sind.[18]

Die Gefahr von Cannabis abhängig zu werden, ist bei jedem Konsumenten individuell. An dieser Stelle spielen die psychischen Risikofaktoren eine wichtige Rolle, weil in der

---

[14] Lindberg (2003), S.75.
[15] ebd.
[16] ebd.
[17] vgl. Ladewig (2002), S.53 sowie Hölter (2011), S.390.
[18] vgl. Geyer/ Wurth (2008), S.62.

Regel psychische Störungen, unter anderem Depressionen, mangelndes Selbstwertgefühl und Angststörungen, das Risiko, süchtig zu werden, stark erhöhen. Der Cannabiskonsum bedeutet für den Konsumenten eine Steigerung des eigenen Wohlbefindens, sodass Drogenmissbrauch entsteht. Ferner ist bestätigt, dass die Suchtanfälligkeit von der persönlichen Situation einer Person abhängig ist. So wirken sich beispielsweise Arbeitslosigkeit und private Probleme negativ auf die Suchtanfälligkeit aus.[19] Demzufolge liegt die Grundproblematik zum Teil in der psychischen Verfassung oder sozialen Situation des einzelnen Konsumenten und nicht in der Substanzwirkung selbst begründet, weil versucht wird, „mit Cannabis seine Probleme aus der Welt zu schaffen".[20] Drogenmissbrauch und die Verschärfung von Problemen sind aber die tatsächlichen Folgen aus dem vermeintlich richtigen Ausweg.

Dennoch muss man hervorheben, dass dieser kritische Punkt der Sucht – beim Alkoholkonsum liegt dieses Abhängigkeitsszenario ebenfalls vor – lediglich für einen geringen Anteil der Personen zum Tragen kommt. Insgesamt ist der Cannabiskonsum für die Verbraucher nur ein vorübergehendes Phänomen. Die 30-Tage-Prävalenz lag 2010 bei einem 3,2-prozentigen Anteil an der Gesamtbevölkerung in Europa.[21]

Abschließend muss man sagen, dass Cannabis keine harmlose Droge ist. Sie besitzt ein nicht zu unterschätzendes psychisches Abhängigkeitspotential. Besonders anfällig sind Personen mit psychischen Störungen oder sozialen Problemen.

3.2.2 Rechtliche Grundlagen und dt. Drogenpolitik verhindern Legalisierung

Die rechtliche Grundlage von Cannabis ist im Bundesbetäubungsmittelgesetz (BtMG) nachzuvollziehen. Nach Anlage 1 BtMG wird Cannabis auf dieselbe Stufe wie Heroin und MDMA, allgemein bekannt als Ecstasy, gestellt und als „nicht verkehrsfähig"[22] eingestuft. Gemäß §29 Abs. 1 BtMG macht sich derjenige strafbar, der „Betäubungsmittel unerlaubt anbaut, herstellt, mit ihnen Handel treibt, sie, ohne Handel zu treiben, einführt, ausführt, veräußert, abgibt, sonst in den Verkehr bringt, erwirbt oder sich in sonstiger Weise verschafft" Im Gegensatz zum Besitz, ist der Konsum von Cannabis der Definition zufolge legal. Weil der Besitz dem Konsum normalerweise vorausgeht, kann es trotzdem zu einer Bestrafung von bis zu fünf Jahren Freiheitsstrafe kommen.

Durch einen Beschluss bzw. Ausnahmeregelung – siehe §31a BtMG – ist es für den Konsumenten möglich, geringe Mengen zum eigenen Verbrauch zu besitzen, ohne dass

---

[19] vgl. Täschner (2005), S.194ff. sowie Geyer/Wurth (2008), S.62.
[20] Geyer/ Wurth (2008), S.62.
[21] vgl. Europäische Beobachtungsstelle für Drogen und Drogensucht (2011), S.50.
[22] Anlage I BtMG.

eine Strafverfolgung droht. Je nach Bundesland liegt die Spanne der „geringen Menge" zwischen sechs und 30 Gramm.[23] Trotzdem wird der Cannabiskonsument, der sich mit geringfügigen Mengen erwischen lässt, definitiv bei der Polizei aktenkundig. Sofern ein Konsument wiederholt mit geringen Mengen auffällt, droht trotzdem ein richterliches Verfahren.[24] Diese Gesetzesregelung kann man insgesamt als Kompromiss zwischen der staatlichen Autorität und den Cannabiskonsumenten sehen.

In der Politik selbst steht die aktuelle Drogensituation immer wieder an der Tagesordnung. Vehement gegen eine Legalisierung sprechen sich die großen Parteien SPD und CDU aus. Demgegenüber stehen sowohl die Grünen als auch die FDP sowie die Linkspartei als Befürworter einer Legalisierung, deren Durchsetzungskraft bisher wirkungslos ist. Beispielhaft sind die Worte des ehemaligen stellvertretenden Vorsitzenden der Bundestagsfraktion Bündnis 90/Die Grünen zu sehen, der sich als Befürworter einer Legalisierung eingesetzt hat. Dem Parteiabgeordneten zufolge sei ein legaler Markt für Cannabis sowohl regulierbar als auch kontrollierbar und ein Verbraucherschutz nach einer Legalisierung gewährleistet.[25]

Durch vorliegende rechtliche Rahmenbedingungen in Deutschland sowie der Einstellung wichtiger Regierungsparteien, wird es in Zukunft schwierig werden, eine Legalisierung auf Bundesebene durchzusetzen.

3.2.3 Akute negative Nebenwirkungen durch Cannabiskonsum

Ein Cannabisrausch kann sowohl negative als auch positive Auswirkungen besitzen. Im Folgenden wird der negative Rausch beschrieben. Eine Unterscheidung zwischen unmittelbaren Folgen, nämlich den sofortigen Wirkungen des Rausches, und langfristigen Risiken ist sinnvoll, weil die kurzfristigen Nebenwirkungen mit dem Abklingen der Wirkung wieder verschwinden.

Bei vielen Personen hat ein Cannabisrausch eine Rötung der Bindehaut, das wohl charakteristischste sichtbare Merkmal, zur Folge. Dieses verräterische Merkmal verschwindet mit dem Abklingen des Rausches. Von den meisten Konsumenten wird der trockene Mund und der Hustenreiz als störend empfunden. Hinzu kommen Kopfschmerzen und Übelkeit bei Cannabis-Einsteigern.[26] Ferner kann es zu einer Vergrößerung der Pupillen und zunehmender Lichtempfindlichkeit kommen, wodurch sich das Auge nur schwer an wechselnde Lichtverhältnisse gewöhnen kann.[27] Daraus

---

[23] vgl. Geschwinde (2007), S.68.
[24] vgl. Kuntz (2012), S.274.
[25] vgl. Geyer/ Wurth (20.08), S.205-208 sowie Ströbele (2009), 0:10-4:00 Min.
[26] vgl. Kuntz (2012), S.85.
[27] vgl. Geschwinde (2007), S.35.

resultiert eine verminderte Orientierungsfähigkeit, sodass das Autofahren unter dem Einfluss vom THC-Wirkstoff gefährlich wird. Relativ häufig sind Müdigkeit und Schläfrigkeit nach einem Cannabisrausch zu beobachten. Weitere akute Nebenwirkungen des Kiffens, dem Inhalieren von Cannabis, sind Erhöhung des Puls- und Herzschlags sowie ein leicht abgesenkter Blutdruck. Bei gesunden Menschen hat es im Gegensatz zu Patienten, die beispielsweise an einer Herzkrankheit leiden, keinen schädlichen Einfluss auf das Herz-Kreislauf-System. Trotzdem kann es unangenehm sein, wenn Kreislaufprobleme und Schwindelgefühle entstehen.[28] Wiederholt können auch psychische Nebenwirkungen wie Unruhe, Angstgefühle oder Persönlichkeitsauflösung auftreten. Ferner existieren weitere negative Nebenwirkungen, die allerdings selten sowie in Einzelfällen auftreten können.

Es ist festzustellen, dass beim Cannabisrausch, insbesondere bei ersten Erfahrungen, unerwartete abschreckende Effekte auftreten können, die unangenehm auf den Körper wirken. Allerdings ist dieses Stärke des Arguments anzuzweifeln, da angesprochene Phänomene mit dem Abbau der Wirkung wieder aufhören.

3.2.4 Langfristige Gesundheitsrisiken durch Cannabiskonsum

Besonders schwerwiegend einzuschätzen sind die Risiken, die durch einen langfristigen und intensiven Konsum entstehen können. Für die meisten Folgen gilt, dass sie reversibel sind, also nach Beendigung des Konsums wieder nachlassen oder verschwinden. Besonders ernst nehmen sollte man das Risiko, dass man eine mögliche „dauerhafte Schädigung der Atemwege und der Lunge"[29] in Kauf nimmt, denn durch den in den Joints enthaltenen Tabak, die Verbrennungsrückstände und die Teerstoffe von Cannabis, wird vor allem die Lunge geschädigt. Forscher haben in den letzten Jahren festgestellt und darauf hingewiesen, dass „ein Joint (...) so schädlich sei, wie bis zu vier Zigaretten auf einmal."[30] Dabei ist allerdings zu beachten, dass Cannabiskonsumenten weniger Joints im Vergleich zu Rauchern, die ausschließlich Zigaretten inhalieren, rauchen. Weiterhin leidet die Motivation unter regelmäßigen Cannabiskonsum, wodurch die Kiffer[31] eine gewisse Träg- bzw. Mattheit aufweisen kann.[32] Die Annahme, dass Cannabiskonsum Gehirnschäden verursacht, ist zweifelsfrei widerlegt. Nervenzellen werden, anders als bei Alkohol, durch Cannabis nicht geschädigt. Zweifelsfrei werden aber dagegen verschiedene Gedächtnisleistungen durch regelmäßige Einnahme der Droge beeinträchtigt. Die Konzentrations- und Merkfähigkeit und die dauerhafte geistige Leistungsfähigkeit leiden. Hierbei spielt die Dauer des Konsums die entscheidende Rolle.[33]

---

[28] vgl. Kuntz (2002), S.79.
[29] vgl. Kuntz (2002), S.80.
[30] vgl. Geyer/ Wurth (2008), S.62.
[31] umgangssprachliche Form für Cannabiskonsument.
[32] vgl. Kuntz (2002), S.286.
[33] vgl. Kuntz (2002), S.83f. sowie Täschner (2005), S.109.

Im Extremfall kann Cannabis zu bleibenden Schäden führen, die einer Behandlung bedürfen: „Halluzinationen, bleibende Panikzustände oder Persönlichkeitszerfall"[34] müssen therapiert werden. Man muss ergänzen, dass diese bleibenden psychischen Zustände, Ausnahmen darstellen und sehr selten sind.

Ob und inwieweit Cannabis schwächende Einflüsse auf das Immunsystem hat, ist nach derzeitigem Stand unklar, obwohl einige Studien auf immunsupressive Eigenschaften ähnlich wie beim Alkohol hinweisen. Fraglich sind ebenfalls die Einflüsse des Konsums auf verschiedene Hormone. Die Meinungen in den Studien gehen auseinander, sodass einerseits berichtet wird, dass der Testosteron-Spiegel bei Männern sinkt. Andererseits soll bewiesen sein, dass die sexuelle Potenz keinen Schaden durch Cannabiskonsum erleidet.[35]

Fest steht hingegen, dass Cannabis Wesens- und Einstellungsveränderungen auslösen kann. Beobachtungen haben gezeigt, dass Cannabiskonsum zur Ausprägung eines amotivationalen Syndroms, kurz AMS, führen kann. Zu den Symptomen gehören neben der Teilnahmslosigkeit am Alltag der Verlust an Aktivität sowie die Gleichgültigkeit gegenüber sozialer Beziehungen und gewohnten Aktivitäten. Ebenso negativ einzustufen sind die allgemeine Antriebsverminderung und die herabgesetzte Belastbarkeit. Im Hinblick auf Deutschlands Leistungsgesellschaft sind diese psychischen Veränderungen als besonders kontraproduktiv zu bewerten.[36]

Im Endeffekt lässt sich erneut erkennen, dass Cannabis nicht ungefährlich ist. Cannabis-produkte sind nicht zu unterschätzen, weil unter anderem irreparable Lungenschäden und weitere dargestellte Risiken bei Dauerkonsumenten entstehen und eintreten können. Für eine tiefgründigere Beurteilung, ist es notwendig, alle Risiken und Einflüsse der Droge zu erforschen. Deswegen muss es das Ziel sein, diverse Risiken durch Studien und Beobachtungen aufzudecken, um ein noch eindeutigeres Statement abgeben zu können.

3.3 Pro Legalisierung

Vieles spricht dafür, dass Cannabis legalisiert werden soll.

3.3.1 „Weiche" und „Harte" Drogen – Alkohol ist gefährlicher als Cannabis

In den Medien werden Drogen oft in sogenannte „weiche" und „harte" Drogen unterteilt. Drogen, die über ein psychisches Abhängigkeitspotential verfügen, werden als "weich" bezeichnet. Psychische Abhängigkeit bedeutet, dass der Konsument oder die Konsumentin ein starkes Verlangen nach Wiedereinnahme der Droge verspürt, ohne

---

[34] Kuntz (2012), S.103.
[35] vgl. Täschner (2005), S.169-171.
[36] vgl. Barth (2011), S.50 sowie Täschner (2005), S.146.

dass körperliche Entzugserscheinungen auftreten. Drogen, die psychisch und physisch abhängig machen können, werden als "harte" Drogen dargestellt.[37]

Dieser Definition zufolge wäre Alkohol eine harte Droge. Weil die Mehrzahl der Menschen in Deutschland - man schätzt die Zahl auf 95 Prozent - regelmäßig Alkohol trinkt, ist diese Bezeichnung für ein gesellschaftlich akzeptiertes Genussmittel fraglich.[38]

Nichtsdestotrotz trifft diese Einteilung bei einigen Substanzen eindeutig zu. Beispielhaft wären Cannabisprodukte zu nennen, die eindeutig als weiche Droge aufzuführen sind.[39] Weil Cannabiskonsum immer der Veränderung der eigenen Befindlichkeit oder auch der Rauscherzeugung dient, strebt der User[40] danach, diesen Zustand zu erreichen und kann dadurch geringfügig psychisch abhängig werden. Nach Absetzen der Droge, treten keine Symptome, die auf eine körperliche Abhängigkeit hinweisen, auf.[41]

Ein Vergleich im medizinischen Journal "The Lancet" zeigte eine Rangfolge der gefährlichsten Drogen, auf der sich Alkohol auf Platz fünf und Cannabis auf Platz elf befindet.[42] Diese Einstufung führt zu dem Widerspruch, dass ein illegales Produkt ungefährlicher als ein frei zugängliches Konsummittel ist. Daraus folgt, dass man Alkohol mit Cannabis auf eine Stufe stellen kann. Zudem weist der Gleichheitsgrundsatz darauf hin, dass „tatbestandlich Gleiches rechtlich gleich zu behandeln" ist.[43] Indessen hält es der Bundesgerichtshof es für legitim, dass der Umgang mit Nikotin und Alkohol anders geregelt ist, als der Umgang mit Cannabis.[44] Um dieser Ungerechtigkeit nachvollziehen zu können, ist ein Vergleich der beiden Substanzen notwendig.

Zunächst ist festzustellen, dass ein durch Cannabis erzeugter Rauschzustand sehr ähnlich ausfällt, weil die Wirkung des Cannabisrausches nach einer gewissen Menge nicht mehr zu steigern ist. Demgegenüber steht Alkohol, dessen Trunkenheit stark mit der Dosis verbunden ist.[45] In der Literatur wird ein Alkoholrausch in folgende drei Kategorien eingeteilt: leichter (0,5 % - 1,5 %), mittelgradiger (1,5 % - 2,5 %) und schwerer Alkoholrausch (über 2,5 %).[46]

---

[37] vgl. Paul (2005), S.12f sowie van Treeck (2004), S.5ff.
[38] vgl. Täschner (2001), S.30.
[39] vgl. Schwind (2011), S.569.
[40] Konsument.
[41] vgl. Lotzgeselle (2004), S.52.
[42] vgl. Bundesverband der Eltern und Angehörigen für akzeptierende Drogenarbeit (2008), o.S.
[43] Rechtslexikon (2012), o.S.
[44] vgl. Täschner (2001), S.101.
[45] vgl. Vetter (2007), S.164.
[46] vgl. Haller (2011), S.604.

Ein leichter Alkoholrausch ist gekennzeichnet durch Enthemmung, gehobene Stimmung, Tatendrang, Kritikschwäche und das trügerische Gefühl erhöhter Leistungsfähigkeit. Von einem mittelgradigen Alkoholrausch wird gesprochen, wenn sich die Stimmung weiter hebt und die Kritikschwäche deutlich abnimmt. Weitere oben genannte Eigenschaften nehmen mit höherem Alkoholpegel zu. Zusätzlich ist eine deutliche Reizbarkeit und Aggressivität zu erkennen. Bei einem schweren Alkoholrausch kommt es sogar zu Bewusstseins- und Orientierungsstörungen, bruchstückhaftem Denken, Gangunsicherheit, verwaschener Sprache, Verlust realen Situationsbezuges bis hin zur vollständigen Handlungsunfähigkeit.[47]

Zum Alkoholrausch gehören darüber hinaus auch starke Beeinträchtigungen von Herz, Kreislauf und Verdauung. Besonders anfällig ist insbesondere die Leber, in welcher der aufgenommene Alkohol umgesetzt wird. Positiv ist, dass eine Dosierung des Alkoholkonsums relativ einfach ist, weil man den über den Alkoholgehalt des jeweiligen Getränks informiert wird. Trotzdem wird klar, dass Alkoholkonsum häufig, vor allem unter Jugendlichen, zum Alkoholmissbrauch führt. Dadurch steigt die Gefahr einer möglichen Alkoholvergiftung mit Schockzuständen und Herzstillständen.[48]

Jährlich sterben laut aktuellen Erhebungen der Bundesregierung in Deutschland mehr als 73.000 Menschen pro Jahr aufgrund des Alkoholkonsums.[49] Zusätzlich ist zu beachten, dass ein nicht unwesentlicher Teil der Gewaltverbrechen und Selbstmorde unter Alkoholeinfluss begangen wird.[50] Außerdem ist in diesem Sinne das Tabak-Thema ebenfalls anzusprechen, weil 110.000 Menschen jährlich an den direkten Folgen des Rauchens.[51]

Ein Cannabisrausch hingegen besitzt neben den vergleichsweise harmlosen akuten Nebenwirkungen (vgl. Kapitel 3.2.1) weitere weniger abschreckende Merkmale als der Alkohol. Zunächst folgt in Folge des Konsums ein Gefühl des Wohlbefindens und es resultiert eine gehobene Stimmung. Antriebsminderungen, Gleichgültigkeitsgefühle, Gelassenheit, Konzentrations-, Aufmerksamkeits-, Denk-, Erinnerungs- und Körpergefühlsstörungen sind einige der typischen Merkmale. Zudem können Wahrnehmungsstörungen und Sinnestäuschungen auftreten.[52] Besonders hervorzuheben ist, dass es offiziell noch keinen Cannabisdrogentoten sowohl in Deutschland als auch in der Schweiz gibt. Christa Nickels, deutsche Politikerin und bis 2005 deutsche Menschenrechtsbeauftragte und selbst Befürworterin einer Legalisierung von Cannabis,

---

[47] vgl. Täschner (2001), S.31-32 sowie Singer/ Teyssen (2005), S.31.
[48] vgl. Täschner (2001), S.31-32.
[49] vgl. Die Drogenbeauftragte der Bundesregierung (2012), S.18.
[50] vgl. van Treeck (2002), S.261.
[51] vgl. Die Drogenbeauftragte der Bundesregierung (2012), S.21.
[52] vgl. Täschner (2001), S.14.

behauptet sogar, dass eine Kriminalisierung von Cannabis lediglich von den Schäden, die Alkohol anrichtet, ablenken soll.[53]

Am Ende kann man nur zu dem Schluss kommen, dass Alkohol ein höheres Abhängigkeitspotential besitzt als Cannabis. Cannabis hingegen ist im Vergleich zwar deutlich ungefährlicher als Alkohol, aber keinesfalls harmlos. Im Gegensatz zu Alkohol ist der Konsum von Cannabis jedoch nicht tödlich.

3.3.2 Cannabis ist keine Einstiegsdroge

Warum wird Cannabis immer wieder als gefährlich dargestellt? Der Grund liegt insbesondere in der Behauptung, dass Cannabis der Ruf einer Einstiegsdroge verfolgt, die Substanz sei angeblich der Anfang vom Ende einer problematischen Drogenkarriere.

Als Einstiegsdrogen werden Rauschmittel bezeichnet, durch dessen Benutzung der direkte Einstieg in den Konsum harter Drogen folgen soll. Bei der Frage, welche Drogen Einstiegsdrogen sind, herrscht eine große Unwissenheit. Es ist richtig, wenn man „Alkohol und Tabak als Einstiegsdrogen betrachtet, weil deren Konsum dem Cannabiskonsum gewöhnlich vorausgeht."[54] Fast jeder Jugendliche im Alter von 14 - 24 Jahren – weit über 90 Prozent – hat Erfahrungen mit Alkohol.[55] Ähnlich sieht es bei den Zigarettenprobierern aus, bei denen der Anteil bei 70 Prozent liegt. Daraus kann man schließen, dass es unwahrscheinlich ist, dass „Nichtraucher und Nichttrinker mit dem Cannabiskonsum beginnen."[56]

Zweifellos kann Cannabis auch eine Substanz sein, die den Weg in eine ernsthafte Rauschmittelabhängigkeit ebnet, aber ein zwangsläufiger Umstieg von Cannabis auf härtere Drogen findet meistens nicht statt. Zahlreiche Studien haben nämlich bereits bewiesen, dass die Einstiegsdroge für härtere Drogen primär der Zigarettenkonsum ist.[57] Einen Umstieg auf härtere Drogen, kann resultieren, sofern der Cannabiskonsum übertrieben wird. Durch den daraus folgenden Missbrauch kann die Wirkung des Kiffens abschwächen, wodurch eine Toleranz gegenüber der Substanz entwickelt wird. Ergo ist jede Person langfristig gefährdet, wenn Drogenmissbrauch betrieben wird. Dieses Szenario kommt allerdings sehr selten vor.[58]

Ferner kam eine Studie von Prof. Dr. Dieter Kleiber, die der damalige Bundes-gesundheitsminister Horst Seehofer 1998 in Auftrag gegeben hatte, zu folgenden

---

[53] vgl. Liggenstorfer (2008), o.S. sowie Nickels (2003), S.87.
[54] Lindberg (2003), S.35.
[55] vgl. Batra/ Buchkremer (2005), S.57.
[56] Lindberg (2003), S.35.
[57] vgl. Nickels (2003), S.88.
[58] vgl. Lindberg (2003), S.35

Ergebnis: „Die Annahme, Cannabis sei die typische Einstiegsdroge für den Gebrauch harter Drogen wie Heroin, ist [...] nach dem heutigen wissenschaftlichen Erkenntnisstand nicht haltbar."[59] Sogar das Bundesverfassungsgericht befand bereits 1994 nach Einsicht der wissenschaftlichen Literatur, dass die „These von der Einstiegsdroge [...] abgelehnt"[60] werden müsse.

Man muss das Fazit ziehen, dass Cannabis keine Einstiegsdroge ist. Vielmehr kommen Alkohol und Tabak als Einstiegsdrogen in Frage. Dieser weit verbreitete Irrtum ist in der Gesellschaft aber gängig. Deswegen darf bei einer Legalisierung dieses Vorurteil nicht im Weg stehen.

3.3.3 Das holländische Modell als Vorreiter für Deutschland

In der Diskussion um den juristischen Status von Cannabis wird oft darauf verwiesen, dass die Regierung durch internationale Verträge gebunden sei und eine Legalisierung schon deshalb gar nicht in Frage käme. Trotzdem muss man sich bei der Frage einer Legalisierung mit dem „holländischen Legalisierungsmodell" auseinandersetzen, um Vor- und Nachteile abzuwägen.

Das niederländische Modell hat das Ziel, den Markt für weiche Drogen wie Cannabisprodukte zu öffnen, um die Konsumenten vom kriminellen Milieu fernhalten zu können.

In den Niederlanden ist jeder weitere Umgang außer dem bloßen Konsum entkriminalisiert worden. Der Handel und Besitz von Cannabis steht wie in Deutschland unter Strafe. Allerdings wird im Regelfall der Besitz geringer Mengen Cannabis von der Justiz und der Polizei akzeptiert, sodass im Extremfall höchstens eine Geldstrafe droht.[61] Deshalb gibt es in den Niederlanden selten Prozesse wegen des Besitzes der Droge, während in Deutschland die Justiz unter mehr als 100.000 Cannabisverfahren pro Jahr leidet. In sogenannten Coffee-Shops ist es für erwachsene Personen zudem möglich, eine Eigenbedarfsmenge von fünf Gramm pro Tag zu erwerben. Diesem steht dann frei, ob er das erworbene Gut dort konsumieren oder mitnehmen will.[62]

Sicher ist, dass die steigenden Konsumentenzahlen aufgrund der gewählten niederländischen Drogenpolitik ausgeblieben sind. Die Niederlande liegen beim Cannabiskonsum in Europa überraschend weit im unteren Bereich. Die 12-Monats-Prävalenz des Cannabiskonsums der Niederlande ist sogar geringer als der Anteil

---

[59] Holzer (2003), S.11.
[60] Holzer (2003), S.11.
[61] vgl. Täschner (2005), S.31f.
[62] vgl. Geyer/ Wurth (2008), S.157-161.

deutscher Bürger, die in den letzten zwölf Monaten Marihuana und Haschisch konsumiert haben.[63] Das heißt, in Deutschland mehr Konsumenten gibt, obwohl Cannabis illegal ist und strafrechtlich gründlich verfolgt wird. „In den Niederlanden hat sich der Konsum im Bereich der Jugend stabilisiert und die Anzahl der Konsumenten, die ambulante Hilfe suchen, ist sogar gesunken.[64]

An dem vorliegenden Modell ist zudem zu kritisieren, dass der Import von Cannabisprodukten, die Lagerung und der Transport zu den Coffeeshops der ständigen Gefahr einer Strafverfolgung ausgesetzt ist. Deswegen ist der Verkaufspreis aufgrund der Besteuerung und dem Risiko der Produzenten oft über dem des Schwarzmarktes, wodurch immer noch viele illegale Geschäfte stattfinden.[65] „Ohne die Legalisierung des Anbaus, des Handels und des Konsums von Cannabis innerhalb bestimmter staatlich kontrollierter Rahmenbedingungen ist ein drogenpolitischer Neubeginn nicht möglich"[66], hat Drogenexperte Günter Amendt schon früh festgestellt.

Eine vollständige Realisation der Cannabisfreigabe ist in den Niederlanden schwer umsetzbar gewesen, weil aufgrund des Drogentourismus eine endgültige Regelung im Einvernehmen mit den Nachbarländern getroffen werden musste. Da mit „Deutschland und Frankreich die Niederlande zwei der drogenpolitisch restriktivsten Länder als Gegner einer Legalisierung"[67] als Nachbarländer hat, war dieses Vorhaben schon von Anfang an zum Scheitern verurteilt.

Angesichts der Probleme, die das Coffeeshopmodell der Niederlande mit sich bringt, muss man über alternative Konzepte zur weitgehenden Entkriminalisierung der Konsumenten und des Cannabisanbaus nachdenken. Die internationale Vertragslage lässt eine einfache Freigabe des Erzeugnisses in Deutschland nicht zu.[68]

Stellt man pro und contra gegenüber, überwiegen die positiven Aspekte. Festzuhalten bleibt, dass die niederländische Entkriminalisierung von Cannabis Vor- und Nachteile mit sich bringt. Zum einen konnte man den Schwarzmarkt eindämmen, aber nicht vollständig auflösen. Zum anderen ist es viel bedeutender, dass die Niederlande gezeigt haben, dass die freie Verfügbarkeit – mit Einschränkung – nicht zu höheren Konsumentenzahlen geführt hat. Dagegen gibt es in Deutschland mehr Cannabiskonsumenten als in den Niederlanden. Dadurch kann man konstatieren, dass eine Legalisierung der richtige politische Schritt wäre.

---

[63] vgl. Europäische Beobachtungsstelle für Drogen und Drogensucht (2011), S.52.
[64] de Vos (2004), S.164
[65] vgl. Täschner (2005), S.31f.
[66] vgl. Barten/ Schwanbeck (2003), S.28
[67] Barten/ Schwanbeck (2003), S.160.
[68] vgl. Täschner (2001), S.96.

3.3.4 Deutschland profitiert durch eine Legalisierung

Zweifellos würde es Cannabiskonsumenten geben, bei denen der Konsum auch nach einer Legalisierung als problematisch einzustufen ist. Dazu muss man sagen, dass diese Fälle auch trotz Verbots vorliegen. Das primäre Ziel einer Legalisierung muss es sein, die negativen Auswirkungen des Cannabisverbots zu beseitigen, um die Möglichkeit zu haben, von den positiven Auswirkungen einer Legalisierung zu profitieren. Zusätzlich zu den Konsumentenvorteilen kann auch der Staat Nutznießer sein. Dieser Nutzen soll im Folgenden verdeutlicht werden.

Bestätigt ist, dass die Cannabisprohibition den Steuerzahler mehrere Hundert Millionen Euro pro Jahr kostet. Allein die Anzahl von 150.000 Strafverfahren – davon sind 80 Prozent gegen einfache Konsumenten – aus dem Jahr 2006 zeigt die dramatischen Ausmaße der staatlichen Strafverfolgung. Eine Legalisierung würde zu hohen Steuer-einnahmen, finanziellen Vorteilen sowie einer Entlastung der Steuerzahler führen. Beispielsweise wäre eine Cannabissteuer, ähnlich wie die Besteuerung von Tabak oder Alkohol, durchsetzbar, um Einnahmen im mehrstelligen Millionenbereich zu erzielen. Diese Einnahmen könnten unter anderem für Präventions- und Aufklärungsmaßnahmen zum Thema Cannabis genutzt werden.[69] Eine Entlastung des Staates oder der Bürger würde unserem Staat angesichts der Verschuldung der öffentlichen Haushalte und Einsparungen im sozialen Bereich sicherlich nicht schaden. Hinzu kommt, dass Kosten, die jedes Jahr für die Repression im Bereich Cannabis aufgewendet werden, wegfallen würden. Anstatt sich mit „Cannabisdelikten" herumzuschlagen, könnte sich die Polizei auf Verbrechen konzentrieren, die der Gesellschaft erheblich größeren Schaden zufügen.[70]

Eine nicht zu vernachlässigende Problematik der Prohibition liegt darin, dass Marihuana und Haschisch keinen staatlichen Kontrollen bzw. keiner Qualitätssicherung unterliegt. Es gibt keine staatlichen Vorgaben, sodass tatsächliche Inhaltsstoffe des Produktes nicht bekannt sind.[71] Der Händler verfolgt sein Ziel, möglichst viel Umsatz zu machen und nimmt keine Rücksicht auf den Konsumenten, weil es keine vorgeschriebenen Grenzwerte gibt. Es ist zum Alltag geworden, dass das Gewicht durch diverse Zusätze erhöht wird. Sogenannte Streckmittel werden beigemischt, um möglichst viel Gewinn zu erzielen. Zu den Streckmitteln gehören Talkum, Zucker, Flüssigplastik, Sand, Steinmehl und feine Glaspartikel, die so zugemischt werden, dass es dem Laien nicht auffällt und der Konsument einem Gesundheitsrisiko ausgesetzt wird.[72] Beispielhaft wurde im Jahr 2007 eine ganze LKW-Ladung mit 219 Kilo Gras, das mit Glassplittern gestreckt war,

---

[69] vgl. Quensel (1989), S.380ff. sowie Hill (2012), S.104.
[70] vgl. Geyer/ Wurth (2008), S.193-195.
[71] vgl. Hill (2012), S.103.
[72] vgl. Deutscher Hanf Verband (2013), o.S.

beschlagnahmt.[73] Eine Legalisierung würde eine staatliche Regulierung fördern, die solche Vorfälle verhindern könnte. Obendrein würde die Gesundheit der Cannabiskonsumenten stärker geschützt werden, indem man den Usern eine verlässliche Ware bieten kann. Weiterhin ist ein Argument, dass anstelle der Verschwendung des Staatsgeldes im Kampf gegen die Drogenmafia, die auf dem Schwarzmarkt versuchen, illegale Gelder zu verdienen, normale Geschäftsleute den Markt übernehmen könnten. Folglich ist man in der Lage, zusätzliche Arbeitsplätze zu schaffen: Hanffachgeschäfte, Anbau und Großhandel könnten bis zu 100.000 zusätzliche Jobs innerhalb der Bundesrepublik schaffen.

Außerdem empfinden Cannabiskonsumenten das Verbot als nicht akzeptablen Eingriff in ihr Privatleben, sie fühlen sich als Kriminelle abgestempelt. Die strafrechtliche Verfolgung bedeutet für die Nutzer „staatliche Willkür, weil es keine medizinischen Gründe für die ungleiche Behandlung von Cannabis und Alkohol gibt."[74]

Die Bilanz des Cannabisverbotes ist im Ganzen als negativ zu bewerten. Ein legaler sowie kontrollierter Markt wäre eindeutig die bessere Alternative. Die strafrechtliche Verfolgung würde beendet werden, der Schutz der Nutzer vor gefährlichen Streckmitteln wäre gewährleistet und der organisierten Kriminalität könnte man contra geben.

4 Fazit

Ist die Legalisierung von Cannabisprodukten ein Irrweg? Wägt man die Argumente für und gegen eine Legalisierung ab, wird deutlich, dass eine Freigabe von Cannabis für den öffentlichen Konsum ein absolut richtiger Weg unter bestimmten Richtlinien und Voraussetzungen ist. Der Vorschlag einer Legalisierung ist aufgrund der vorliegenden Fakten als positiv zu bewerten. Es wurde bestätigt, dass Cannabis ein Genussmittel mit Licht- und Schattenseiten, wie es auch Alkohol und Nikotinprodukte sind, ist. Allerdings ist hier erneut zu betonen, dass Alkohol ein höheres Schadenpotential als Marihuana und Haschisch besitzt. Cannabis als harmlos zu bezeichnen wäre sicherlich nicht richtig, weil in einer vielschichtigen sozialen Gesellschaft der Drogenmissbrauch, unabhängig von der Droge, nicht gänzlich zu verhindern ist.

Um auf den Vergleich zwischen Alkohol und Cannabis zurückzukommen, muss noch einmal betont werden, dass es im Gegensatz zu jährlich 73.000 Alkoholtoten noch keinen offiziellen Cannabistoten gibt. Daher stellt sich die berechtigte Frage, warum Cannabis illegal und Alkohol im Handel frei erwerbbar ist sowie in der Gesellschaft

---

[73] vgl. Geyer/ Wurth (2008), S.188-191.
[74] vgl. Geyer/ Wurth (2008), S.180

akzeptiert wird. Wie glaubhaft ist unsere Gesetzgebung, wie glaubhaft ist unsere Drogenpolitik?

Die Grundproblematik liegt insbesondere darin, dass die Droge Cannabis unter ihren Vorurteilen leidet und eine eindeutige Aufklärung bisher fehlt. Antipathien, zu denen die widerlegte Hypothese, dass Cannabis eine Einstiegsdroge ist, gehört, werden gerne dazu benutzt, um die Prohibition von Cannabis zu unterstützen.

Zudem wurde aufgezeigt, dass die niederländische Drogenpolitik in Form des Legalisierungsmodells der Coffeeshops nicht der richtige Pfad ist, obwohl man belegen kann, dass die freie Verfügbarkeit die Konsumentenanzahl nicht gesteigert hat. Stattdessen sollte man einen Weg der weitgehenden Entkriminalisierung unter bestimmten Auflagen einschlagen. Zum einen wäre die kontrollierte Freigabe Cannabishandels und das Eingliedern in die Wirtschaft ein großer Absatz- und Gewinnmarkt für den Staat. Daher sollte man einen legalen kontrollierten Markt einem Verbot vorziehen. Sämtliche, beispielsweise durch Steuern eingenommene, Gelder könnten sinnvoll zur Prävention von gefährlichen Drogen eingesetzt werden, anstatt die Staatsgelder in eine strafrechtliche Verfolgung kleiner Cannabisdelikte zu investieren. Zum anderen würde man einen Verbraucherschutz der Nutzer gewährleisten und zusätzliche Arbeitsplätze schaffen. Eine Legalisierung wird die Drogensituation in Deutschland eher entspannen als verstärken.

5 Quellenverzeichnis

Barten, M./ Schwanbeck, O. (2003)
Klar, legal! Aber wie? Wie würde die Cannabis-Szene die Praxis der Legalisierung von
Cannabis gestalten?; in: HanfBlatt Nr.80, Nov./Dez. 2003, S.28.

Barth, V. (2011)
Sucht und Komorbidität: Grundlagen für die stationäre Therapie, 1.Aufl., ecomed
Medizin Verlag, München.

Berr, W./ Krause, M./ Sachs, H. (2007)
Drogen im Straßenverkehrsrecht (Recht in der Praxis), 1.Aufl., C.F. Müller Verlag,
München.

Betäubungsmittelgesetz (BtMG) i.d.F. der Bekanntmachung vom 1. März 1994
(BGBl. I S.358), zuletzt geändert durch Artikel 4 des Gesetzes vom 19. Oktober 2012
(BGBl. I S. 2192).

**Bundesverband der Eltern und Angehörigen für akzeptierende Drogenarbeit e. V
(2008)**
Drogen-Hitparade,
http://www.akzeptierende-eltern.de/news/61/,
Stand: 21.02.2013.

De Vos, T. (2004)
Cannabispolitik in den Niederlanden in: Gasman, R./ Deutsche Hauptstelle für
Suchtfragen (Hrsg.): Cannabis – neue Beiträge zu einer alten Diskussion, 1.Aufl.,
Lambertus-Verlag, Freiburg, S.164-171.

Deutscher Hanf Verband (2013)
Streckmittel in Marihuana – Wie man sie erkennt und welche Risiken von ihnen
ausgehen,
http://hanfverband.de/index.php/themen/konsumentenhilfe/1050-streckmittel-in-
marihuana-wie-man-sie-erkennt-und-welche-risiken-von-ihnen-ausgehen,
Stand: 21.02.2013.

Die Drogenbeauftragte der Bundesregierung (2012)
Drogen- und Suchtbericht, Mai 2012,
http://drogenbeauftragte.de/fileadmin/dateien-dba/Presse/Downloads/12-05-
22_DrogensuchtBericht_2012.pdf,
Stand: 21.02.2013.

Batra, A./ Buchkremer, G. (2005)
Beziehung vom Alkoholismus, Drogen- und Tabakkonsum; in: Doppelfeld, E./ Tölle, R.
(Hrsg.): Alkoholismus: Erkennen und Behandeln, 1.Aufl., Deutscher Ärzteverlag, Köln,
S.56-66.

Geschwinde, T. (2007)
Rauschdrogen: Marktformen und Wirkungsweisen, 6. erweiterte und aktualisierte Aufl.,
Springer-Verlag, Berlin.

Geyer, Steffen/ Wurth, Georg (2008)
Rauschzeichen – Cannabis: Alles, was man wissen muss. 1. Aufl., Verlag Kiepenheuer
& Witsch, Köln.

Haller, R. (2011)
Forensisch-psychiatrische Aspekte des Alkoholismus; in: Batra, A./ Mann, K./ Singer,
M. V. (Hrsg.): Alkohol und Tabak – Grundlagen und Folgeerkrankungen, 1.Aufl., Georg
Thieme Verlag, Stuttgart, S.596-608.

Hill, S. (2002)
Verbotene Früchte: Cannabiskonsum – ein soziales Problem?, 1.Aufl., Tectum Verlag,
Marburg.

Holzer, T. (2003)
Cannabisreform in Deutschland: Argumente und Fakten – eine politische
Bestandsaufnahme, Mannheim.

Hölter, G. (2011)
Bewegungstherapie bei psychischen Erkrankungen: Grundlagen und Anwendung,
1.Aufl., Deutscher Ärzteverlag, Köln.

Hurrelmann, K./ Bründel, H. (1997)
Drogen Gebrauch – Drogen Missbrauch: Eine Gratwanderung zwischen Genuss und
Abhängigkeit, 1.Aufl., Primus Verlag, Darmstadt.

Kuntz, Helmut (2002)

Cannabis ist immer anders. Haschisch und Marihuana: Konsum – Wirkung – Abhängigkeit, 1.Aufl., Beltz Verlag, Basel/Weinheim.

Kuntz, Helmut (2012)

Haschisch: Konsum – Wirkung – Abhängigkeit – Selbsthilfe – Therapie, 1.Aufl., Beltz Verlag, Basel/Weinheim.

Ladewig, D. (2002)

Sucht und Suchtkrankheiten: Ursachen – Symptome – Therapien, 3.Aufl., C.H.Beck Verlag, München.

Liggenstorfer, R. (2008)

Was wäre, wenn Hasch legal wäre; in: NZZ Folio 08/08, Seite unbekannt, http://www.nzzfolio.ch/www/d80bd71b-b264-4db4-afd0-277884b93470/showarticle/93a8cebc-b787-4cbd-8c5e-80b872ca96a3.aspx, Stand: 21.02.2013.

Lotzgeselle, M. (2004)

Ursachen psychischer Störungen; in: Hüter-Becker, A./ Dölken, M. (Hrsg.): Physiotherapie in der Psychiatrie, 1.Aufl., Georg Thieme Verlag, Stuttgart, S.29-60.

Nickels, C. (2003)

Prävention und Aufklärung statt Kriminalisierung; in: Bilgeri, A./ Joos, K. (Hrsg.): Politische Beiträge – Gesammelte Standpunkte und Meinungen zum politischen Geschehen 2002, 1.Aufl., Lit Verlag, Münster, S.87-88.

Paul, A. (2005)

Drogenkonsumenten im Jugendstrafverfahren, 1.Aufl., Lit Verlag, Münster.

Quensel, S. (1989)

Wirkungen und Risiken des Cannabisgebrauchs; in: Scheerer, S./ Vogt, I. (Hrsg.): Drogen und Drogenpolitik: ein Handbuch, 1.Aufl., Campus Verlag, Frankfurt/New York, S.379-396.

Rechtslexikon (2012)

Gleichheitsgrundsatz, http://www.rechtslexikon.net/d/gleichheitsgrundsatz/gleichheitsgrundsatz.htm, Stand: 21.02.2013.

Sauer, O./ Weilemann, S. (2001)

Drogen: Eigenschaften – Wirkungen – Intoxikationen, 1.Aufl., Schlütersche Verlag, Mainz.

Schwind, H.-D. (2011)

Kriminologie: eine praxisorientierte Einführung mit Beispielen, neu bearbeitete 21.Aufl., Kriminalistik Verlag, München.

Singer, M. V./ Teyssen, S. (2005)

Alkohol und Alkoholfolgekrankheiten: Grundlagen – Diagnostik – Therapie, 2. vollständig überarbeitete und aktualisierte Aufl., Springer Verlag, Heidelberg.

Stoppard, M. (2000)

Alles über Drogen – Von Alkohol und Tabak bis zu Ecstasy und Heroin, 1. Aufl., Urania Verlag, Freiburg.

Ströbele, H.-C. (2009)

Rede am Hanftag 2009 in Berlin, Video, veröffentlicht bei YouTube am 13.05.2009, http://www.youtube.com/watch?feature=player_embedded&v=sqHvxQGY940#, Stand: 21.02.2013.

Täschner, K.-L. (2005)

Cannabis: Biologie, Konsum und Wirkung, 4. erweiterte und aktualisierte Aufl., Deutscher Ärzteverlag, Köln.

Van Treeck, B. (2004)

Drogen- und Suchtlexikon, erweiterte und überarbeitete 4.Aufl., Schwarzkopf & Schwarzkopf Verlag, Berlin.

Vetter, B. (2007)

Psychiatrie – Ein systematisches Lehrbuch, 7. überarbeitete und aktualisierte Aufl., Schattauer Verlag, Stuttgart.

BEI GRIN MACHT SICH IHR WISSEN BEZAHLT

- Wir veröffentlichen Ihre Hausarbeit,
  Bachelor- und Masterarbeit

- Ihr eigenes eBook und Buch -
  weltweit in allen wichtigen Shops

- Verdienen Sie an jedem Verkauf

Jetzt bei www.GRIN.com hochladen
und kostenlos publizieren